JN412148

날개 접지 않는 비행

빨간 고추잠자리의 여행

빨간 고추잠자리의 여행

초판 1쇄 인쇄 | 2025년 12월 25일
지은이 | 김보민, 김민주, 노정순, 심춘자, 임미선, 이향훈, 전초롱, 김미주, 주선옥
펴낸이 | 이재욱(필명:이승훈)
펴낸곳 | 해드림출판사
주 소 | 서울 영등포구 경인로82길 3-4(문래동1가 39)
센터플러스빌딩 1004호(07371)
전 화 | 02-2612-5552
팩 스 | 02-2688-5568
E-mail | jlee5059@hanmail.net

등록번호 제2013-000076
등록일자 2008년 9월 29일

ISBN 979-11-5634-668-5

이 시집은 정신장애인들의 진솔한 마음을 담고자
2025년 '천안시 복지재단'과 '충남 사회복지 공동모금회'로부터
지원을 받아 시집을 발간하게 되었습니다.

정신장애인들의 진솔한 마음을 담다

날개 접지 않는 비행

빨간 고추잠자리의 여행

김보민 외 8명 공동시집

해드림출판사

발간사

'마음이 말을 잃을 때 표현은 회복의 첫걸음이 됩니다'

소명 시설장 김미주

마음이 말을 잃을 때 표현은 회복의 첫걸음이 됩니다.

우리 정신 재활시설(나래 & 소명)은 정신장애인의 자존감 회복과 정서적 자립을 돕기 위해, 미술과 시를 결합한 심리 미술 "詩畵(시화) 프로그램"을 천안시복지재단과 충남사회복지공동모금회의 도움으로 2025년 8회기에 걸쳐 진행하였습니다.

색을 고르고 이미지를 그리며 그 위에 자신의 언어를 얹는 과정은 단순한 창작 활동을 넘어

"나는 존재할 가치가 있다"라는 내면의 선언이었습니다.

어떻게 시를 써야 할지 몰라 고민하던 모습들

자신의 시가 창피하다고 하면서 감추려 했던 모습들

강사님의 조언을 듣고 또다시 생각에 잠겨 시상을 생각하는 모습들

지금도 참여자 한분 한분의 모습이 눈에 선합니다.

이 시집에 담긴 글들은 완성된 문장이 아니라, 삶을 견디며,

써 내려간 마음의 기록입니다.

때로는 서툴고, 때로는 날 것 그대로의 감정이지만, 바로 그 진실함이 우리를 멈춰 서게 하고 깊은 울림을 전합니다.

프로그램에 참여한 분들은 작품을 통해 자신과 마주하는 법을 배웠고, 서로의 감정을 존중하며, 공감의 언어를 나눌 수 있었습니다.

이 시집 작품집은 "치유는 누군가의 전문적인 기술이 아니라, 함께 존재해 주는 시간 속에서 자란다"라는 믿음으로 탄생했습니다. 시를 쓰고 그림을 그리던 그 순간, 참여자들은 대상자·당사자가 아닌 "창작자" "저자" "작가"로 불렸습니다. 그 호칭 하나가 마음을 일으켜 세우는 힘이 되었습니다.

이 책이 누군가에게 작은 위로가 되고, 또 다른 마음을 이어주는 다리가 되기를 소망합니다.

함께 걸음을 맞춰 걸어 준 우리 주선옥 강사님, 늘 시간 시간마다 함께 했던 우리 나래 최유진 원장님, 매회기 프로그램이 유지될 수 있게 살뜰히 챙겨준 우리 조수잔 선생님과 정신건강사회복지사 수련생 이수현, 김민서 선생님, 무엇보다도 프로그램을 시작할 수 있도록 기꺼이 지원해 주신 천안시복지재단 이사장님, 그리고 끝까지 시간을 내고, 마음을 내어 준 우리 정신재활시설 나래와 소명의 참여 회원님들께 깊은 감사의 마음을 전합니다.

발문

마음 돌봄 프로젝트

"나도 詩인"을 지도하며…

내 마음을 그리다 강사 주선옥

'날개 접지 않는 빨간 고추잠자리의 여행'

인연이란 것이
잠자리 날개가 바위에 스쳐 그 바위가
눈꽃처럼 하얀 가루로 날릴 때
그때야 찾아오는 것이라고 말합니다.

우리 친구들의 마음처럼 빛나는
잠자리 은빛 날개처럼 가볍고
섬세한 맑은 영혼들의 첫 시집
고추잠자리 한 마리 높고 푸른 하늘에
詩를 풀어 날아가듯
귀한 인연의 세상을 여행합니다.

격려사

'속마음의 기록 소중한 순간'

정신재활시설 나래 시설장 최유진

이번 시집 발간은 나래와 소명의 회원들과 함께 한 시간 속 마음의 기록을 한 권의 책으로 담아내는 소중한 순간이었습니다.

평범한 일상 속에서 느낀 작은 기쁨과 슬픔, 성장의 흔적들이 시속에 고스란히 담겨 있어 서로의 삶을 이해하고 공감하는 따뜻한 시간이 되었습니다.

회원들이 자신의 이야기를 솔직하게 표현하며, 서로에게 위로와 힘을 주는 모습을 보며 한사람 한 사람의 성장이 공동체의 빛이 된다는 사실을 다시금 느낄 수 있었습니다.

이 시집은 단순한 글의 모음이 아니라, 우리 모두의 희망과 연대, 그리고 성장의 기록입니다.

앞으로도 나래와 소명의 회원들이 자신을 돌아보고, 하루하루의 일상 속에서 삶을 성찰하며 서로의 마음을 나누는 따뜻한 공간이 되기를 기대합니다.

이 시집이 회원들에게 자신을 믿고, 오늘보다 나은 내일을 향해 한 걸음씩 나아가는 용기와 희망이 되길 바라며, 서로의 꿈과 마음으로 이어가는 소망의 길이 되기를 진심으로 기원합니다.

끝으로 이 여정에 물심양면으로 애써주신 소명의 김미주 원장님과 보배 같은 주선옥 강사님께 감사의 말씀을 전합니다.

contents

발간사　'마음이 말을 잃을 때 표현은 회복의 첫걸음이 됩니다'
| 소명 시설장 김미주　4

발문　'나도 詩인'을 지도하며 | 내 마음을 그리다 강사 주선옥　6

격려사　'속마음의 기록 소중한 순간' | 나래 시설장 최유진　8

평론　시(詩)여! 영혼의 비상(飛上)을 꿈꾸는 날개가 되어주오
| 이충재(시인, 문학평론가)　143

김보민 15
나의 바람 / 이름에 관한 이야기 / 산책하기 좋은 계절, 그대 이름은 봄 / 나를 사랑하는 연습 / 나 자신을 사랑하는 이유 / 사랑이란? / 사랑이 필요한 이유 / 희망편지 / 나를 돌아보며 / 꽃다발을 만들며

김민주 35

장미 가시 / 겨울 봄 / I (아이) / 열병 튜브 / HAPPY? / 달밤 / 마음

노정순 45

가족소개 / 봄이 오는 소리 / 노정순의 인생 이야기 / 사랑은 변한다 / 지금 나는 행복하다 / 복 받은 나 / 나의 만다라 / 미래의 나

심춘자 67

나의 가족은 / 꽃 피는 봄 / 시처럼 살고 싶다 / 춘자 씨의 사랑 / 행복이란? / 희망 / 해바라기 / 춘자에게 주는 선물

임미선 85

희망의 빛 / 꽃다발을 만들면서

이향운 91

가족 / 수선화 / 그리운 나 / 사랑 / 내 삶의 이유 / 나이 / 나는 누구일까? / 내가 나에게 주는 꽃다발

전초롱 109

나의 사랑 / 맛있는 시간 / 시작 / 행복한 사람 / 꽃다발을 만들며

김미주 시설장 121

50세 전과 후 / 깜 / 내 우주에게 / 도반의 노래 / 사랑이 온다

주선옥 강사 131

너만의 꽃길을 가라 / 꽃다발 / 채송화 / 담쟁이처럼 / 연꽃 피우러 가는 길

작가의 말

글을 쓰는 것이 어렵기도 했지만
제 감정과 생각을 표현할 수 있다는 과정이 즐겁고,
행복과 안정감을 갖게 해 주었습니다.
그리고 시집이 발간된다고 하니 뿌듯합니다.
많은 분들이 함께 읽기를 바랍니다.

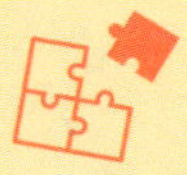

김보민

나의 바람

이름에 관한 이야기

산책하기 좋은 계절, 그대 이름은 봄

나를 사랑하는 연습

나 자신을 사랑하는 이유

사랑이란?

사랑이 필요한 이유

희망편지

나를 돌아보며

꽃다발을 만들며

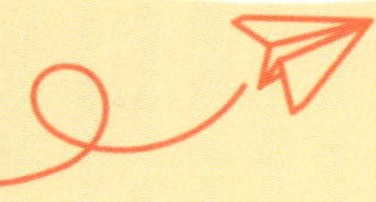

어항 속 물고기 가족화 - 우리 가족

미역과 불가사리 · 조개로 장식했고, 어항이 집 같지만 돈가스 식당이다.

위에 놓은 상에는 돈가스 두 접시가 놓여있다.

그 밑에 놓여있는 상은 복달이(반려견)가 기다리고 있는 차 안이다.

어머니께서 고기를 떼어서 복달이에게 주신다.

나의 바람

때로 다툴 때도 있지만
함께 하는 시간은 행복했다

부모님과 복달인 잘 있을까?

따뜻한 봄날이 되면

나의 보물 같은 가족들과
좋은 곳으로 소풍을 가고 싶다.

봄에 피는 꽃 – 나의 봄 나무

이름에 관한 이야기

7년 전에 태어난 복달이
원래 이름은 "봄"이었다

내 이름도
할아버지께서 지은 신 이름은
"봄"이었다

복달이 동생들의 이름은
"겨울이"와 "가을이"다

하지만
두 강아지가 변비로 죽으면서
"봄"이는 복달이가 되고
나는 "보민"이가 되었다

복달이도 나도
멋진 주인공이다.

김보민

산책하기 좋은 계절, 그대 이름은 봄

겨울이 언제였던가
날씨가 조금씩 따뜻해진다
창밖으로 푸릇푸릇한 풀들이 얼굴을 내민다
창안으로 들어오는 햇살이 따뜻하다
멀리 가지 않아도 봄을 느낄 수 있다

오늘은
근처 하천 산책로를 따라 걸었다
하천 산책로만 따라 걸어도 따뜻하다
등줄기를 타고 흐르는 땀이 개운하기까지 하다

산책을 마치고
등줄기의 땀을 개운하게 씻었지만
산책한 오늘의 추억과 봄바람의 설렘은 씻기지 않는다

봄이라는 이름만 들어도
마음이 두근두근
생각만으로도 이미 행복하다

봄아!

2025년 나에게 어떤 선물을 줄래?

나 광고하기(콜라주) – 꽃무늬 치마를 입은 나

나를 사랑하는 연습

누구보다도 나를 소중하게 여기자

예전에는 남자친구나 강아지 등
나 아닌 다른 것을 소중하게 여겼지만
이제는 내가 나를 더 사랑해야 한다

약을 먹는 것도
식사를 적당히 하는 것도
다 나를 위한 것이다

나 자신을 더 아끼고
나 자신을 사랑하는 연습을 해보자

지금도 늦지 않았다

달리기 선수가 출발선에 선다

자! 이제 출발!

나 자신을 사랑하는 이유

세수한 후의 민얼굴도
나한테는 예쁘고
화장해도 그렇다

키도 크고
이야기도 잘하는 내가
소중하다

살이 찐 내 모습도
내 눈에는
그래도 예쁘다

앞으로도 나를 더 사랑하자
소중히 여기자
수선화처럼 맑게 살자.

나는 한 그루 나무다 – 무한 성장하는 나무

- 가장 소중한 사람은? 복달이
- 가장 미운 사람은? 외할머니
- 가장 보고 싶은 사람은? 이모할머니
- 가장 고마운 사람은? 조수잔 선생님
- 나는 어떤 사람? 자신을 꾸밀 줄 아는 사람

사랑이란?

처음에는 항상 설렌다
처음에는 상대방이 마냥
사랑스러워 보이고
완벽해 보인다

그러나 점점 허점이 보이지만
사랑으로 감싸줄 수도 있다

우리 강아지가 지금은 사랑스럽지만
미래에는 미워질 수도 있다

중요한 건
나 자신을 사랑하고
소중히 여겨야 다른 사람도
사랑할 수 있다

자신을 더 사랑하자

사랑의 시작은 사탕처럼 달콤하고
중간에는 라떼 같고
끝은 에스프레소처럼 쓰지만

내 마음속에서
아름답게 피워지는
꽃이면 좋겠다.

휴대폰 카메라로 QR코드를 스캔하면 노래를 감상하실 수 있습니다.

사랑이 필요한 이유

세상을 살아가면서
누군가 힘들어할 때

내 마음도 아프다

위로가 필요하고
기다림도 필요하고
헌신도 필요하다

사람은 누구나 사랑받고
돈이나 보석보다 더 귀하게
인정을 받고 싶어 한다

사랑은
인생을 행복하게 한다.

기도하는 손

2~3년 후에 내 미래 짝꿍 찾기 찾게 해 주세요.

희망편지

희망은 삶의 목표와도 같아요
목표를 성취하는 것이 아니더라도
멋진 그 여행을 해 보기 바래요

성취하지 못하더라도
하고 싶은 걸 한 번이라도 했으면 좋겠어요

힘내요! 아자 아자 파이팅!
아직 우리에게는 시간과 힘이 있어요

터널이 길지만 불빛이 보일 거예요
가수 가호의 시작이라는 노래 제목처럼
오늘부터 새롭게 시작하세요.

협동 만다라-아름다운 꽃동산

함께 한 이들 | 김보민 노정순 이향훈 김민서 김미주

나를 돌아보며

나는 나이가 들면서 고집이 조금씩 줄어든다
고집이 세지만 따뜻한 마음을 가지고 살려고 노력한다
캔커피 같은

소소한 선물을 시설 회원들에게 주기도 한다
앞으로도 더 따뜻한 기운을 줄 수 있어야겠다
햇볕처럼 따스해지고 싶다

철이 들면서 고집을 내려놓는다
그래도 따뜻한 마음만은 가지고 싶다

회원들에게 가끔 소소한 선물을 준다

따뜻한 햇볕과 아메리카노 같은
내가 되고 싶다.

나에게 주는 꽃다발

김보민

꽃다발을 만들며

예전에 남자친구에게
받았던 꽃다발은
한순간 좋았지만

오늘 내가 내게 주는
꽃다발은 색다른 느낌과
더 기쁜 기분이 들었다

스티커를 붙이고
생화와 색종이를 골라서 붙이는 데
어려운 과정이었지만

내가 나에게 꽃다발을 주니
소소하지만 소중하고
꽃처럼 웃으며 살고 싶다.

휴대폰 카메라로 QR코드를 스캔하면 노래를 감상하실 수 있습니다.

김민주

장미 가시

겨울 봄

I(아이)

열병 튜브

HAPPY?

달밤

마음

작가의 말

글을 쓴다는 것은 마음을 적어 내리는 일입니다.
내 마음에 드러난 연한 약점까지 모두 보여주는 일이죠.
발자취가 고난이 아닌 치유가 되었으면 합니다.
망설이고 흔들리는 이들에게 작은 위로가 되길.

장미 가시

뭐 그리 바쁜지
옹기종기 모인 꽃망울
앞다투어 피어나는 새빨간 잎

한 송이 두 송이 늘어나다
서로에게 버팀이 되어주던 줄기

가시에 찔려 서로를 상처 주다
곧 시들어 버린다.

조금은 멀리서도 바라보자
서로를 지키는 가시가 되기 위해.

겨울 봄

그대 있는 장소는 겨울에도 봄이었어요.
흔적마다 꽃이 피어나
달콤한 봄바람 스칠 때면 공허한 마음속
민들레 홀씨가 내려앉은 자리 간지러워
웃음꽃이 피어났답니다.

홀린 듯 사랑을 덮어 호흡하니
열병이 찾아온 것 같아요.
부디, 이 겨울 지나갈 때까지
제 옆에서 온기를 주시겠어요?

I(아이)

아이. 아이 때부터
새싹을 틔우고
삼켜버린 어른의 묘약은
곧 어른인 내가 된다.

우뚝 선 기둥같이, 홀로 쓰이는 대명사같이
여린 잎이여 곧게 자라거라.

삶을 이끄는 희망을 뿌리며.

열병 튜브

자주 사랑을 병처럼 앓고
빈자리를 메우기 위해
애쓰기도 했다.

고무 튜브에 동그란 구멍처럼
빈틈이 괴로워 자주 사랑을 마셨다.

사랑아, 사랑아
튜브가 사람을 구하는 것처럼
부디 내 사랑이 열병이 아닌 구조가 되도록
커다란 바다에 익사하지 않도록
깔끔한 평영을 보여줘.

휴대폰 카메라로 QR코드를 스캔하면 노래를 감상하실 수 있습니다.

HAPPY?

해프닝, 해피
행복은 행보에 따라 달라지네.

그러니, 앞길 나아갈 때
사람이여, 나의 행보에
행복의 주문을 담아

스스로 행복을 이루는 이가
되게 하소서.

달밤

희붐한 빛 하나 의지하며
옆에 있는 이 손을 잡고
달빛 길을 걸어가.

이 밤이 끝나면
아침이 오겠지
오롯이 걸어가다 보면
무성한 숲길도 끝이 있겠지

가자, 가자
이 밤이 다시 잠들어
깰 수 있도록.

협동 만다라-해바라기

함께 한 이들 | 임미선 김민주 전초롱 최유진

심춘자 조수잔 주선옥

마음

두근두근, 세계가 움직이는 소리
만들어진 서로의 마음과
그에 따라 움직이는 내 심장

한 입 베어 물면
부러움, 꿈, 욕망, 수치심
또 아름다움 5%

내 마음엔 늘 샘솟는
목표가 있지

나의 세계는 아직도
부러움으로 성장 중

휴대폰 카메라로 QR코드를 스캔하면 노래를 감상하실 수 있습니다.

노정순

가족 소개

봄이 오는 소리

노정순의 인생 이야기

사랑은 변한다

지금 나는 행복하다

복 받은 나

나의 만다라

미래의 나

작가의 말

프로그램을 하면서 서툴지만 그림도 그리고, 시도 쓰고.
프로그램 시간에 벌칙으로 노래도 부르고 춤도 추고.
강사님의 멋들어진 프로그램 진행과 맛있는 식사.
생각해 보면 참으로 행복하고 즐거운 시간이었습니다.
좋은 사람들과 함께한다는 것만으로도
치료가 되는 시간이었습니다.
내년에도 더 좋은 프로그램을 만나길 소망합니다.

어항 속 물고기 가족화 – 우리 가족

어항 속에 돌과 해초가 있다.
맑은 바닷물 속에
오빠 붕어, 내 붕어, 동생 붕어, 언니 붕어, 새끼 붕어…….
싸우지 말고 잘 살아야지.

가족 소개

극성맞지만 야무졌던 할머니
무서웠지만 나를 예뻐해 주신 어머니
선하고 착하기만 했던 엄마
동생 하나 있는데
누구 말도 안 듣고 자기 맘대로

이런 우리 가족이지만
나는 가족을 사랑하고
생각하면 행복하다.

봄에 피는 꽃 – 나의 봄 나무

봄이 오는 소리

사람들의 옷부터 봄을 느낀다.
대문을 나서면 봄 냄새가 코를 찌른다.

양지쪽에는 새싹이 기지개를 켜고
길가에는 꽃나무와 꽃봉오리가 움틀

내 마음도 봄처럼 따뜻하다.

봄이 오는 소리가 들린다
나비가 날아다닌다
봄비가 내린다
산은 진달래로 봄옷을 갈아입고
들판은 개나리로 옷을 갈아입는다

나는 오늘 자매님과 봄옷을 샀다

내 인생도 봄처럼 늘 싱그럽고 희망차길 바란다.

나 광고하기(콜라주) – 신데렐라 정순

노정순의 인생 이야기

이 높은 하늘과 땅 사이에 한 생명으로 태어난 나의 몸
남자가 아닌 여자로 태어난 것에 감사하며
하루하루 잘살았다

한때는 직장을 다니며
저축하며 미래를 준비하기도 했으나
사람을 좋아하고 믿은 대가로 하루아침에 사기를 맞았던 일
보물 같은 소중한 아이들을 뒤로하고
이혼이라는 굴레로 만나지도 못하고 살아온 시간

여기저기 돌아다니다가
고향인 엄마 품으로 돌아왔는데
엄마 돌아가시고, 또 외톨이가 되면서 술에 의지하다가
정신병원에 입원했었던 시간 들

돌이켜보면
참으로 색종이 같은 인생이다

그러나
지금 정신 재활시설 소명에 온 뒤로
인디언 추장 같은 우리 원장님 덕분에
마음 치유 받으며 행복하게 살아가고 있다

자식들도 해 주지 않는
칠순 생일잔치도 받아보고
제주도 여행
다양한 프로그램을 통하여 나를 돌아보는 시간 들

지금 시간 들이 내게는 행복이고
살아가는 의미가 되어준다

앞으로 얼마 남지 않은 내 인생을
더 소중하고 아름다운 추억으로 채워가고 싶다
특히 신이 나에게 기회를 준다면
죽기 전에 아들과 딸을 잠시라도 만나서
미안함을 전하고 싶다

그렇게 사람 사는 것처럼
그렇게 사람 냄새 나는 노정순으로
인생을 마무리하고 싶다.

나는 한 그루 나무다 – 청춘 나무

- 가장 소중한 사람은? 원장님과 소명
- 가장 미운 사람은? 남자 동창의 부인
- 가장 보고 싶은 사람은? 아들과 딸
- 가장 고마운 사람은? 김미주 원장님
- 나는 어떤 사람? 약간 쌀쌀맞은 사람

사랑은 변한다

아버지와 어머니의 사랑 속에서
내가 태어났다.

어려서는 부모님을 사랑하고
오빠, 남동생 가족들을 사랑했다.

일찍 부모 곁을 떠나
그동안 내가 경험한 사랑과는
사뭇 다른 사랑도 배웠다.

친구들과의 사랑
부부의 사랑
자녀들과의 사랑
주변 사람들과의 사랑

현재 나는
나 자신을 사랑하고
미운 사람도 사랑으로 보듬을 줄 아는

지혜로운 사랑을 연습하는 중이다.

또한
나를 좋은 환경에서
따뜻함으로 채워주고 있는
우리 원장님과 소명을 위해서는
존경스럽고 위대한 사랑을 하고 싶다.

휴대폰 카메라로 QR코드를 스캔하면 노래를 감상하실 수 있습니다.

무지개 마을 - 행복 마을

지금 나는 행복하다

넉넉하진 않았지만
단칸방에 아홉 식구가 모여
아웅다웅 살았던 어린 시절

지금은
핏줄을 나눈 사람들은 아니지만
함께 먹고, 자고, 웃고
서로 도우며 살고 있는

칠십하고도 두 해를 더 지난
내 나이지만
이대로 함께 펼칠 수 있다면
더 미련이 없다

자식처럼
어버이처럼
때로는 스승처럼
이모저모 살펴주시는 인디언 추장 같은 원장님
저는 지금 행복해요.

휴대폰 카메라로
QR코드를 스캔하면
노래를 감상하실 수
있습니다.

노정순

기도하는 손

건강하게 해 주세요

소명에 입소회원 좀 보내주세요

복 받은 나

술 때문에 정신병원에 있었다
어둠 속이었고, 희망이 없었다
지금의 내가 존재하고,
재미있게 살아가고
복 받은 생활을 하기까지
소명은 나에게 참 고마운 곳이다
생명의 은인 같은 곳이다
이 삶에 감사하면서 앞으로 받을 복을 생각하면서
새벽처럼 깨어나 있자

협동 만다라-아름다운 꽃동산

함께 한 이들 | 김보민 노정순 이향훈 김민서 김미주

나의 만다라

나는
예쁘게 늙어가면서
꽃처럼 곱게 살면서
사람들이 기억하는 사람으로
후회 없는 삶이 되었으면

인생살이가 고달픈 날도 있고
외로운 시간도 있지만
앞으로 남은 내 시간은
멋지고 행복한 시간이 되었으면

잘 펼쳐진 따뜻한
인생 만다라가 잘 완성되었으면

내 인생은
하나의 만다라이다

나에게 주는 꽃다발

미래의 나

칠십 이 년을 살면서
많은 꽃을 보아왔지만

오늘 내가 만든 꽃다발은
참 이쁘고 아름답다

생화와 색종이 그리고 폼폼이로
꽃다발을 만들어
내가 나에게 주니 더
재미있고 행복하다

앞으로 나는
꽃다발처럼 아름답고
싱싱한 마음으로
살아가려고 한다.

작가의 말

서툴지만 그림도 그리고, 시도 쓰는 시간이었고,
잘 안 들리는 저를 위해서 우리 조수잔 선생님이
도움을 많이 주었습니다. 이 자리를 빌려 감사의 말
을 전합니다.
"감사합니다. 선생님."
비록 잘 쓴 시는 아니지만 예쁘게 봐 주길 바랍니다.
내년에도 더 좋은 프로그램을 기대하면서
다시 만나길 소망합니다.

심춘자

나의 가족은

꽃 피는 봄

시처럼 살고 싶다

춘자 씨의 사랑

행복이란?

희망

해바라기

춘자에게 주는 선물

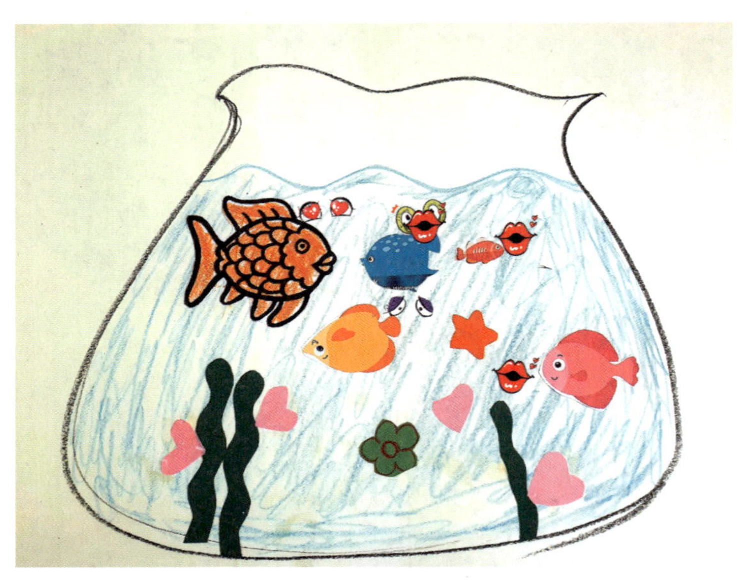

어항 속 물고기 가족화 – 소명 가족

시설의 회원들을 그린 어항 물고기입니다.

어항 속 물고기에는 미역과 해초들이 살고 있습니다.

어항 속에는 소명 회원들 물고기가 있습니다.

저는 이 어항 속 물고기들과 각자 색깔대로 살면서

물도 갈아주고 하면서 예쁘게 살고 싶습니다.

나의 가족은

건강 악화로 일찍 돌아가신 엄마
자기만 알고 다른 가족은 모른 체하는 오빠
오빠는 넘 미웠어
마음은 아프지만 끊어내고 살았지

지금 내 삶이 좋다.

봄에 피는 꽃 – 나의 봄 나무

꽃 피는 봄

벚꽃의 향기는
봄을 느끼게 한다

그 예쁜 모습은
하늘나라 천사 같다

내 마음도 봄 되어
환하게 피어나라

나 광고하기(콜라주 기법) – 20살의 나

시처럼 살고 싶다

육십 육 년 내 인생
돌아보니 허허롭다

늘 서글프고 아픈 마음
봄 여름 가을지나
겨울이 오는 듯

그러나
겨울에도 피는 꽃이 있듯
내 남은 인생도 피어

시처럼 아름다운
삶이고 싶다.

나는 한 그루 나무다 - 춘자 씨의 인생 나무

- 가장 소중한 사람은? 노정순 언니
- 가장 미운 사람은? 남편
- 가장 보고 싶은 사람은? 동생
- 가장 고마운 사람은 ? 엄마
- 나는 어떤 사람? 못난 사람

춘자 씨의 사랑

춘자 씨!
사랑이 무엇인가요?
좋아하는 것이죠…

춘자 씨는 사랑을 받아본 적이 있나요?
없어요…

춘자 씨가 생각하는 사랑은 어떤 사랑인가요?
서로 생각해주고
서로를 믿고
서로를 위로해주면서
다독거려 줄 수 있는 것이 사랑이에요…

춘자 씨도 이런 사랑을 하고 싶으신가요?
네. 죽기 전에 한번은 하고 싶어요…

춘자 씨의 이런 사랑을 응원합니다.

휴대폰 카메라로 QR코드를 스캔하면 노래를 감상하실 수 있습니다.

무지개 마을 – 행복 마을

행복이란?

나물을 무칠 때
소금, 마늘, 고춧가루
들기름, 깨소금을 넣듯이

내가 잘 모를 때
옆에서 도움 주는
노정순 언니와 다른 회원들이 있고

함께 먹으며
웃을 수 있는
좋은 사람들이 옆에 있어서 좋다.

고소한 들기름 향이
바람처럼 소명 시설에 흐르듯이

지금 나의 생활은
너무 즐겁고 행복하다.

기도하는 손

춘자 씨 건강하길~

희망

귀가 뚫렸으면 하는 바람
귀가 뻥 뚫려서
세상의 모든 소리 들을 들었으면

희망이 없는 걸까?
불안하다.
희망이 비춰주었으면 좋겠다

귀가 뚫려
세상의 온갖 소리를
누구 도움 없이 다 들을 수만 있다면
마음이 즐겁고 편안할 거 같다.

협동 만다라-해바라기

함께 한 이들 | 임미선 김민주 전초롱 최유진

심춘자 조수잔 주선옥

해바라기

나는 보잘것없는 사람이에요
살아가는 데 있어서 아픔도 많고 고민도 많은 사람
그 속에서 헤어나지 못하는 사람이에요

그래도
행복한 생활을 생각합니다.
해바라기처럼요

가을이 온다 하네요.
마음이 행복하기 바래요.

휴대폰 카메라로 QR코드를 스캔하면 노래를 감상하실 수 있습니다.

나에게 주는 꽃다발

춘자에게 주는 선물

화려해서 예뻐서 기분 좋고
반짝거리는 구슬 보니
아들이 보고 싶다

백일홍꽃의 전설이
생각나고 더 그립고
마지막까지 향기롭다.

작가의 말

늦게 참여하여 많이 참석은 하지 못했지만
시를 쓰는 부분이 아주 어려웠습니다.
다른 사람들처럼 많이 쓰지는 못했지만 내 마음을
담아서 써 내려갔다. 좋게 읽어주었으면 좋겠습니다.
시를 쓰는 것은 어려웠지만 그림을 그리는 부분은
재미있었고, 즐거웠습니다.
내년에도 심리 미술 프로그램을 했으면 좋겠습니다.

임미선

희망의 빛

꽃다발을 만들면서

기도하는 손

엄마와 함께 놀러 가기

희망의 빛

오랜 시간 병원에 입원했다.
갑갑했다
나무와 풀을 내 손으로 만지고 싶었다

어느 날 갑자기
간호사실에서 퇴원이라고 한다
너무 놀랐다
꿈에도 그리던 퇴원이라니

소명 원장님이 오셨다
엄마도 함께 오셨다
너무 반가웠다

드디어 나도
퇴원해서 자유롭게 걸어 다니고
맑은 공기를 마실 수 있구나

나에게 희망의 빛이 서서히 다가온다.

휴대폰 카메라로 QR코드를 스캔하면 노래를 감상하실 수 있습니다.

임미선

나에게 주는 꽃다발

꽃다발을 만들면서

꽃이라 하니
기분이 좋았다

꽃다발을 받으니
행복해졌다

학교 졸업식 날
꽃다발을 가슴에 안고
사진 찍었을 때가 생각이 난다

그 흔한 꽃다발이지만
난 엄마에게 단 한 번도
꽃다발을 선물한 적이 없네

다음 연도 엄마 생신엔
꽃다발을 선물해야지.

휴대폰 카메라로 QR코드를 스캔하면 노래를 감상하실 수 있습니다.

임미선

작가의 말

저는 처음에 미술치료라는 것을 좋아하지 않았습니다.
시를 쓰고 그림을 그리는 것조차 힘들고 싫었습니다.
그런데 한 번, 두 번… 쭉 그렇게 나의 이야기를 쓰고 그림으로 표현하는 것이 어느덧 마음을 편안하고 즐겁게 해 주었습니다.

매월 미술치료를 하러 간다고 하면 못한다고 말은 했지만 내 마음은 설렘으로 가득했습니다.
그림과 시를 잘 하지는 못하지만, 시와 그림을 그리면서 나의 마음을 편안하게 다스리는 법을 알게 되었습니다.
주변 사람들도 전보다 얼굴이 편안해 보이고, 표정이 밝아졌다고 합니다.

8개월 동안 시와 그림으로 내 마음을 조금이나마 표현하면서 동료들과 이야기도 나누고 함께 웃기도 했습니다. 마지막으로 이런 뜻깊은 자리를 마련해주신 나래 원장님과 소명 원장님 그리고 강사님께 감사드립니다. 8개월 동안 너무 행복했고, 고맙고, 감사했습니다.

이향훈

가족

수선화

그리운 나

사랑

내 삶의 이유

나이

나는 누구일까?

내가 나에게 주는 꽃다발

어항 속 물고기 가족화 – 우리 가족

어항 속에 물고기, 다시마

어항 속 우리 가족이다.

어항 속 우리 가족은 맛있게 다시마를 먹고 있다.

우리 가족은 행복합니다.

가족

항상 보고 싶다
그래도 밉지만
항상 보고 싶다
그래도 남편, 딸, 아들, 항상 보고 싶다
그래도 매일 보고 싶다

나래라는 시설에서 생활한 지 두 달이 넘었는데
한 번도 가족들이 오지 않았다
그래서 서운하고 나 혼자 덩그러니 있는 것 같다
우울하고, 외롭고, 불행하다고 느꼈다
그래도 매일 보고 싶다

내가 먼저 전화로 다가가서
우울함을 떨쳐 버린다

그래도 밉지만, 항상 보고 싶다.

휴대폰 카메라로 QR코드를 스캔하면 노래를 감상하실 수 있습니다.

봄에 피는 꽃 – 나의 봄 나무

수선화

노랗게 뜬 눈망울이 반짝인다
바람에 흔들리는
이쁜 몸짓이
겨울의 흙을 뚫고 올라
푸른 하늘로 고개를 내미는
너의 이름은 수선화.

나 광고하기(콜라주 기법) - 짱구

그리운 나

어느새 내 나이 오십 팔 세
해 놓은 것 없이 세월만 가네

가을 나무에 단풍 든 것처럼
나의 시간이 아프다

그러나
보고 싶은 남편과 나의 보물 같은 아들딸
언제나 그리운 사람들
내일은 좀 더 밝은 창가에 서서
후리지아처럼 향기로운 나 자신이고 싶다.

나는 한 그루 나무다 – 소명과 나래와의 우정 나무

- 가장 소중한 사람은? 딸과 아들
- 가장 미운 사람은? 남편
- 가장 보고 싶은 사람은? 딸, 아들, 남편
- 가장 고마운 사람은? 소명과 나래 사람들
- 나는 어떤 사람? 부지런한 사람

사랑

아름다운 것
남자와 여자가 만나는 사랑

아이와 어른이 만나는 사랑
햇살과 아이들이 즐겁게 노는 사랑

만난 지 얼마 안 된 귀여운 초롱 사랑
소명과 나래와의 함께하는 사랑

나래 시설 원장님의 회원사랑
친구 민옥님이 어려울 때 도움을 주는 사랑

그래서 나에게 사랑은 필요한 것이다.

무지개 마을 – 행복 마을

내 삶의 이유

어디서 왔는가 나의 기쁨!
나에게 항상 용기를 주시는
나의 사랑, 나의 기쁨, 나의 커피

"너는 할 수 있어." 응원해 주시는
별빛 공주 원장님
나의 말을 잘 듣고 웃어주는
나의 천사 지우개

내 삶의 수호천사들
나는 정말 행복하다네
꿈과 같은 분들
우리 함께 향기롭게 살아요.

휴대폰 카메라로 QR코드를 스캔하면 노래를 감상하실 수 있습니다.

기도하는 손

가족과 함께하게 해 주세요.

나이

어느새 내가 오십 팔 년을 살았네
남편, 딸, 아들이 많이 보고 싶다네

항상 같이 있었으면 좋겠는데…
긍정적인 생각하면서 견디며 기다리자

나를 불행하다고 생각하지 말고
항상 긍정적인 나로 생각하자

열매처럼 익어가는
나이를 먹고 싶다.

협동 만다라 - 아름다운 꽃동산

함께 한 이들 | 김보민 노정순 이향훈 김민서 김미주

나는 누구일까?

나는 후리지아꽃을 좋아한다
나는 장수나무 소나무를 좋아한다
나는 무엇을 생각하고 사는지?

나에게 주는 꽃다발

내가 나에게 주는 꽃다발

기쁨이란 것이 이런 것인가?
다른 사람들과 함께
시끌벅적하게 꽃다발을 만들며
사진도 찍고…
제일 예쁘게 나와야 하는데…

너무 좋다
추석날 보름달 보며
함께 즐거웠던
가족들에게도 주고 싶은
꽃다발이다.

작가의 말

처음으로 시를 쓰고 시집을 만들게 돼서 정말 기뻐요.
내가 느낀 마음을, 시를 쓸 수 있어서 행복했고,
친구들과 함께 책으로 남기니 더 소중해요.
많은 사람이 우리 시를 읽어줬으면 좋겠어요.

전초롱

나의 사랑

맛있는 시간

시작

행복한 사람

꽃다발을 만들며

나는 한 그루 나무다 – 행복 나무

- 가장 소중한 사람은? 원장님
- 가장 미운 사람은? 욕한 사람
- 가장 보고 싶은 사람은? 오해순 팀장님
- 가장 고마운 사람은? 향훈 언니
- 나는 어떤 사람? 행복한 사람

나의 사랑

음악을 듣고 있을 때
제일 좋아요

작은아빠와
작은엄마도
함께 듣고 싶어요.

무지개 마을 – 행복 마을

맛있는 시간

머칠 전 티볼리에 가서
돈가스를 먹고 싶었는데 여드름 때문에
샐러드를 먹었다.

샐러드에는 돈가스, 양상추, 방울토마토
맛있는 치즈 가루 버무려
내 안에서 톡톡

딸기를 먹었는데
새콤달콤해서 좋았다.

참 맛있고 행복한 시간이었다.

휴대폰 카메라로 QR코드를 스캔하면 노래를 감상하실 수 있습니다.

전초롱

기도하는 손

나의 소원은 머리 길러 파마하는 것

시작

주간 활동센터를 다녀서 행복하다

밥을 먹을 때
오빠도 생겼고
선생님이 고맙고
운동해서 좋고
캠프 가서 즐겁고

내 생애 첫 시작이다.

협동 만다라 - 해바라기

함께 한 이들 I 임미선 김민주 전초롱 최유진

심춘자 조수잔 주선옥

행복한 사람

사람들과 프로그램해서 좋았다

맛있는 거 먹어서 행복하다

싸우지 않아서 좋다

운동도 열심히 하고 사람들과 소곤소곤

꽃처럼 예쁘게

활짝 웃는 날이다.

휴대폰 카메라로 QR코드를 스캔하면 노래를 감상하실 수 있습니다.

나에게 주는 꽃다발

꽃다발을 만들며

좋았다
즐거웠고
행복했다

생화와 색종이들로
꽃다발을 만들어
내가 나에게 주니

나는 세상에서
제일 같았다.

작가의 말

정신장애 회원분들과 함께 내는 공동 시집
생각하는 것만으로도 가슴 설레었는데,
직접 출간하게 되어 너무 기쁩니다.
짧은 글 속에서 우리 회원분들의 마음을
읽을 수 있는 시간이었고,
저 역시 부족하지만
저의 삶을 돌아보는 시간이기도 했습니다.
시를 통하여 단 한 사람이라도 마음에 평안과 감동,
그리고
우리 정신장애인 당사자들과 가까워지는 시간이기
바랍니다.

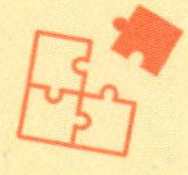

김미주 정신재활시설 소명 시설장

50세 전과 후

깜

내 우주에게

도반의 노래

사랑이 온다

50세 전과 후

자신감으로 도배를 하고
젊음이 영원할 거라 믿었던
세상이 전부 나의 발아래 있다고 믿었던
천진난만한 시절

발그레한 볼과 수줍던 미소
행여 홀 사랑의 속마음을 들킬까?
애써 차가운 바람처럼 행동했던 시절
입가에 조용히 웃음이 번진다

아이가 아이를 낳고
어색한 앞치마와 펴대기를 두르고
그렇게 우린 어른 흉내를 낸다

이제 내 인생 반백 년

이제는 어른 흉내가 아닌
천진난만한 아이로부터

다시 세상을 배우는

그렇게 우린 늙어간다.

휴대폰 카메라로 QR코드를 스캔하면 노래를 감상하실 수 있습니다.

깜

전 세계가 코로나 19로 전쟁을 하던 때
나의 공간에 훅 들어온
온통 까만 아이
혓바닥도 까만 아이

어떤 이름이 어울릴까?
까마니까 깜
그렇게 우린 가족이 되었다

깜은 하루종일 나를 기다린다

나의 움직임
나의 말소리
나의 냄새
나에 대한 것이라면 그 어느 하나 소홀함이 없다

깜은 덩치가 크고, 까맣다 보니
사람들이 무서워한다
그러나 그 누구보다도 사람을 좋아한다

깜은 겁도 많다
비닐봉지가 바람에 스치는 소리에도
천둥소리에도 소스라치게 놀라 나에게 달려오는
덩치가 크지만 하는 행동은 여리고 여린 소녀 같다

깜은 물을 좋아한다
더운 여름날 혼자 즐기는 호캉스를 아는
멋진 놈이다

깜은 내 눈을 항상 바라보고
나와 눈 맞춤을 하려고 하며
나의 작은 움직임에도
부담스러우리만큼
나에게 무한한 관심을 보인다

이제 나랑 4년을 보냈는데
앞으로의 시간도
더 많은 추억으로 함께 하고 싶다.

내 우주에게

내 나이 불혹(不惑)에 당신과 부부의 연을 맺어
이제 지천명(知天命)에 이르렀습니다

내 인생에서 가장 힘들다 하는 순간
나를 아는 다른 사람들은 모두 고개를 돌렸지만
유일하게 내 곁에서 나를 지켜준 나만의 우주인 당신

늦게 만난만큼 당신을 이해하려고
혼자서 속앓이를 하기도 했었지요
분명 나 혼자만의 속앓이는 아니었습니다

남자는 신념이 있어야 한다며
체면 깎이면 큰일 나는 당신
어디 가서 속앓이하는 마음 터놓을 줄 몰라
그 순간만은 술술 넘어가는 술이
가장 좋은 친구며 묘약이었을 겁니다

부부가 살면서 늘 좋을 수만도 없고
또 늘 좋지 않은 일만 있을 수도 없지요

불가에서는 길 가다 옷깃만 스쳐도 큰 인연이며
그중에서 부부의 연은 인연 중의 인연으로
이 세상 어떠한 인연보다 소중하고 귀한 인연이라 합니다

당신과 나
몇 겁을 거쳐 만난 소중한 인연을
일상의 거리에서 스치는 만남처럼 가볍게 여기지 말고
서로를 존중하면서 아름답게 인연을 가꾸어가길 바랍니다

지금처럼 자신을 사랑하고
지금처럼 서로를 이해하고 배려하면서
추억할 수 있는 아름다운 발자취를 남겨봅시다
먼 훗날 자녀들이 우리를 기억할 때
그래도 두 분이 내 부모여서 행복했다고
수줍은 고백을 받는 그런 삶을 살아갑시다

사랑합니다.

도반의 노래

정신질환을 앓고 있는 분들의 도반으로
23년째 외길을 걸어오고 있다.

기쁨과 만족
배신감과 억울함
그리고 안타까움이 공존하는 시간이었다

이들의 도반으로서 너무 힘들 때는
전생의 업을 탓하기도 하였다

그러면서도
이들에게 위로를 받는다

이들을 바라보는 세상의 불편한 시선으로부터
이들을 보호하는 방패로·칼로·당근과 채찍으로
빨간 띠를 머리에 두르지 않았어도
존재를 위한 투쟁의 삶이었다

앞으로 나에게 주어진 17년
주어진 17년이란 시간 동안
난 이들에게 진실한 도반이 되고 싶다

가식이 아닌 진실함으로
수많은 전문가 중 한 사람이 아닌
이들의 삶의 회복을 위해 끊임없이 고민하는
냉철한 머리와 따뜻한 가슴을 가진
존재 이유가 되는
그런 도반의 삶을 살고 싶다.

휴대폰 카메라로 QR코드를 스캔하면 노래를 감상하실 수 있습니다.

사랑이 온다

볼그레한 볼
쉼 없이 나오는 흥얼거림

선 머슴 같았던 소녀의
이유 있는 콧소리
이유 있는 웃음

그렇게 사랑이 온다.

주선옥 내 마음을 그리다 치유 강사

너만의 꽃기를 가라

꽃다발

채소화

담쟁이처럼

연꽃 피우러 가는 길

작가의 말

시가 피어나는 마음 밭에서
시가 빛을 내며 반짝거릴 때
시가 꽃이 되어 향기를 뿜을 때

우리는 살아있고
함께 함이 영광입니다.

고맙습니다. *^^*

너만의 꽃길을 가라

마음 안에 그늘을 지우고
새벽처럼 푸른빛과
안개처럼 흐리지만, 희망지고

구름에 가려진 햇살의
밝은색을 꿈꾸며
미움을 놓고 사랑을 안고

빛 한 점 없는 어둠 속에서도
발밑을 믿어 의심치 않는
신앙의 마음으로

누가 피워주는 꽃길이 아니라
내 안에 스스로 피워내는
붉고 향기로운 꽃길을 가라.

휴대폰 카메라로 QR코드를 스캔하면 노래를 감상하실 수 있습니다.

주선옥 강사

꽃다발

이 기쁜 날 당신께 드립니다

어느 인적 드문 산길에
호젓이 피어 하늘만 바라보다
툭 틔운 한 잎의 꽃향기

이웃집 가난한 이가 매일
입가에 가득 미소로 키운
흔하지만 귀한 빨간 꽃 한 송이

바람이 지나가는 길목에서
간절한 눈빛으로 누군가와
고운 눈빛 마주치길 기다린
푸른 달개비꽃도 한 송이

그리고 오랫동안
내 마음속 깊이에 심어 두고
오직 이날이 오기만을 기다린

무지갯빛을 닮은 소망 한줄기

오늘은 눈 맞추기 좋은 날입니다
꽃 한 송이 한 송이마다 피어 올리는
그 어여쁜 에너지를 당신께
한 아름 안기오니 부디 와락 받아주세요.

휴대폰 카메라로 QR코드를 스캔하면 노래를 감상하실 수 있습니다.

채송화

어느 작은마을 어진 이의 집 앞
굽은 길모퉁이서 부르는
나직한 너의 노래는 눈물이 난다.

빗방울 통통 튀듯 경쾌한 목청
하늘 아래 구김 없이 해맑은 표정
바람 불면 더욱 낮은 휘파람 소리

가다가다 풀썩 주저앉아
이름도 없이 한세월 보내다가
또다시 끈질기게 일어서고

그렇듯이 까맣게 익은 너의 동공은
다시 어느 소박한 화단을 그리며
모진 땅에 뿌리 내릴 소망으로 설렌다

그렇듯이 까맣게 익은 너의 동공은
다시 어느 소박한 화단을 그리며

모진 땅에 뿌리 내릴 소망으로 설렌다

깊이 잠들지도 못하는 요람을 찾아
마을과 마을을 헤매는 옹골찬 너
어쩌면 우리 사람의 삶을 닮았구나

담쟁이처럼

더 높은 곳을 향해 가녀린 손을 뻗어
무엇이라도 부여잡으려
사력을 다하는 것이 아니라

높고 낮게 또는 평평한 곳을
그냥 지나치며 살려고 늘
주변을 살피는 가여운 아입니다.

때로는 썩어가는 나무토막으로
또 어느 때는 콘크리트 벽으로
목숨을 옮겨가는 참살이입니다.

길이 없으면 길을 내어서
순진무구하고 담박하게 흐르는
담쟁이의 여행길을 닮아 봅니다.

딱히 가야 할 길이 있는 것이 아니기에
가다가 막히거나 끊기면 그냥

옆으로 길을 내어서 지나면 되는 것을

위대한 저 물의 정령이 스며
들판에 의연히 서 있는 나무처럼
그저 흘러 스미기를 소망합니다.

연꽃 피우러 가는 길

바람 따라 걷다가
달빛에 베인 마음
붉은 꽃 한점 피울까
밤새 서성거렸다

이슬처럼 맺힌
한 점 티라고 가벼이
툭 털어 낼 수만 있다면
삶이 아프지는 않을 텐데

무심히 걸어가다가
문득 가로 놓이는 벽 앞에서
한 숨결에 무너져 내리는
의지박약의 존재

털도 없고 뿔도 없이
여리고 나약하나
한 우주를 품어 안는

엉뚱한 기상이 있기에

그 진흙밭 깊이에
하얀 발목을 묻었다가
다시 또 한 발짝씩 떼어
푸른 바람을 따라가는

민들레의 뿌리를 닮은
피우고 또 피우는
소망의 기도를 품고
지금 그곳으로 가고 있다.

평론

시(詩)여!
영혼의 비상(飛上)을 꿈꾸는 날개가 되어주오

이충재(시인, 문학평론가)

시(詩)여!
영혼의 비상(飛上)을 꿈꾸는 날개가 되어주오

김보민 외 7명 공동시집
『날개 접지 않는 비행, 빨간 고추잠자리의 여행』

1. 시(詩)를 통한 영혼의 비상을 기도하며

이 시집 원고를 받아들고 한참을 감상하다가 문득 사람의 존재론적 가치와 의미에 대해서 깊은 사유의 시간에 몰입하게 되었다. 그리고 한 그루의 나무와 들풀과 꽃을 묵상하기도 했다. 태초에 창조된 사람의 의미는 분명 몰아(沒我) 일체(一體)의 개념으로 읽혀왔음을 알 수가 있었다. 그 이후 인간의 죄로 인하여 이분법적 삶, 자연과 사람의 분리 개념으로 읽혀왔고 그 결과 분리된 자들의 공격, 분노, 정복의 개념으로 해석되어 지구는 심각한 병에 걸려 인간과 자연 모두 고통을 호소하고 있다. 이로 인한 자연의 공격성은 우리 인간의 영혼을 뒤흔들어 뚜렷한 상흔을 남겨 순수 인간의 인성을 파괴 혹은 인간성을 상실하게 하고, 더러 순수 이성을 지닌 사람들의 정신에 심각한 충격을 가해 그들의 삶을 고되게 하였으며, 그들을 안식 공간으로부터 격리 이탈케 하고 말았다. 이는 참으로 슬픈 현실이다. 그런 측면에서 볼 때, 반드시 자연이 회복되어야 하고, 문명의 앙칼진 결과물로부터 인간성을 회복해야만 치유가 가능한 현실이 되었다. 그럼에도 불구하고 탐욕에 젖은 천민자본주의자들은 끊임없이 노략질을 일삼거나 그들 앞에서 우위를 점유하기 위한 온갖 범주들을 탐구하면서 사람의 일을 외면하고 있다.

이 문제의 심각성을 진단하는 인문학 도서로서 세 권의 자료집을 소개한다. (『인간 명품』 - 임하연 지음/클레이 하우스 와 『경험의 멸종』 -크리스틴 로젠 지음/이영래 옮김/어크로스, 『편안함의 습격』-마이클 이스터 지음/ 김원진 옮김/수오서재)이 그것이다.

『인간의 명품』에서는 인간의 고유성과 정체성으로서의 자기 가치를 드러내야 하는 경험을 중시하고 있으며, 『경험의 멸종』에서는 기술 문명이 습격을 받은 이후 사람의 자리를 빼앗기고, 자신의 정체성을 묻는 이들의 수효가 힘을 잃은 채 점점 더 늘어가고 있다는 정체성 부재의 현상을 낳고 말았다는 것이다. 이들이 갈 곳을 잃고 방황하면서 얻게 되는 마음의 병, 정신의 병은 서로의 미래를 송두리째 말살시키고 말았다. 뿐만이 아니다. 『편안함의 습격』에서는 기술 문명에 사람의 자리를 내준 이후 사람들의 사유의 세계 속으로 잠입한 온갖 망각의

짐들에 눌려서 사람들의 가치 인생에 깊은 트라우마를 짐 지우고 말았다.

이에 치명적인 상처를 입은 사람들이 모여서 한 권의 시집을 출간하기에 이르렀다. 이 시집에 담긴 고백들을 통하여 그분들 영혼의 새로운 비상을 위해서 마음과 영혼의 워밍업(warming-up)을 시도 중이다. 또한 그분들의 새로운 비상을 위한 스테프(staff)들도 같은 마음으로 기도의 제단을 쌓고 있음이 참으로 아름답다. 이 공동체에 임할 신의 은총이 가득하기를 원하고 기원를 드리는 이유다.

시(詩)에는 본래 보이지 않는 힐링과 위로와 인간 본질의 영혼성이 내재해 있으며, 정체성과 자유성을 향한 동력이 깊이 뿌리를 내리고 있다. 그러므로 이 시집에 등장하는 필진들의 작품 하나하나의 속을 들여다보면, 순수가 낳은 감성과 이성의 조화가 빚어내는 소망의 날갯짓이 퍼득이고 있음을 발견할 수가 있다. 시 쓰기를 통한 치유의 열매가 자유를 향한 둥지를 찾아 나서는데 이정표가 되고 밝은 등불이 될 것을 확신하면서 필진들의 아름다운 시, 자신을 위한 영혼의 고뇌와 그리움이 빚어낸 시향을 감상해 보기로 하자.

2. 시향(詩香)의 본질 속에서 참된 영혼의 자유와 사랑과 그리움을 발견하다.

존 폭스는 그의 저서 『시(詩) 치료』에서 '한 번도 소리 내어 울지 못한 그대에게'라는 부제로 고백한바, "시적 언어는 수천 년 동안 지구상의 모든 문화에서 우리의 상실감, 좌절감과 이루지 않은 꿈을 담는 그릇 역할을 해왔다. 윌리엄 셰익스피어가 말했듯이 시는 슬픔을 표현한다. 우리는 슬픔을 인식하고, 그 슬픔을 해방하기 위해 시를 읽고 쓴다. 또한 슬픔을 창조적으로 표현함으로써 삶에 대한 더 큰 통찰력를 기를 수 있다. 또한 시는 무엇보다도 우리가 삶에서 맞닥뜨리는 가장 어려운 문제에 대처하도록 도와준다. 시는 그런 삶을 바라보도록 한다. 그리고 통찰력과 탄력성, 의미를 제공한다."

이와 같이 이 시집을 통해서 자신들 내면세계의 불완전 요소와 슬픔과 아픔과 외로움과 고독과 그리움을 쏟아놓고 있다. 그 모든 내적 고백이 치유되어서 자유의 세계로 회귀하기를 간절히 원하면서 필진들의 시를 감상해 보기로 한다.

누구보다도 나를 소중하게 여기자

예전에는 남자친구나 강아지 등
나 아닌 다른 것을 소중하게 여겼지만
이제는 내가 나를 더 사랑해야 한다

약을 먹는 것도
식사를 적당히 하는 것도
다 나를 위한 것이다

나 자신을 더 아끼고
나 자신을 사랑하는 연습을 해보자

지금도 늦지 않았다

달리기 선수가 출발선에 선다

자! 이제 출발!

– 김보민의 시 〈나를 사랑하는 연습〉 전문

이 시대는 반드시 희생을 요구해야만 할 운명인 것처럼 태어난 사람들이 힘겹게 존재하고 있다. 그들은 다름 아닌 착한 사람들이다. 법 없이도 살아갈 수 있는 그런 부류의 사람들이라고 용기를 건네던 그들이 바로 선한 양심주의자들을 괴롭히고 착취하고 돕지 않는 주범이라는 사실이 하나도 놀랍지 않은 시대가 바로 21세기 천민자본주의가 스치고 지나가는 문명의 그늘에서 둥지를 틀고 살아가는 오늘인 셈이다. 법망은 그들을 비켜서지만, 선한 소시민들의 삶은 언제나 강타당하고 할퀴고 지나간다. 그래서 그들은 몹시도 정신, 영혼 앓이를 하고 있지만, 어느 누구에게도 속 시원하게 고백하지 못하고 있는 것이 현실이다.

김보민의 시 역시 그런 세상에서 자신을 사랑하는 방법을 찾고자 고백이 담긴 선언을 스스로 하고 인생의 또 다른 출발선에 서서 자신에게 출발 명령을 하고 있음을 본다. 얼마나 달리다가 또 상처를 받을지 자신도 모르지만 일단 출발 선포를 하고 달려라 보민! 하면서 스스로에게 용기를 주고 있다.

이만큼 그들의 상처를 보듬어 안아주고 함께 아파할 이웃이 턱없이 부족한 시대에 스스로 생존 해야만 한다고 선언하는 고독한 이의 고백과 아우성이 한 편의 시가 되어 울림을 주는 것은 당연한 일이고, 이 울림은 그의 영혼 깊이 용기 있는 함성이 되어 반드시 김보민 자매가 원하는 그 자유, 행복한 지점까지 자신을 골인시키는 성공적인 삶을 기약한다고 할 수 있다.

위의 시외에도 〈나의 바람〉에는 저자의 간절한 소망이 담겨 있으며, 〈사랑이 필요한 이유〉에 서는 세상 사람들을 부끄럽게 하는 고백과 당연성이 잘 설명되고 있다. '사람은 누구나 사랑받고 / 돈이나 보석보다 더 귀하며 / 인정을 받고 싶어한다 // 사랑은 / 인생을 행복하게 한다'

이렇듯 건강한 바램을 남긴 저자는 〈나를 돌아보며〉에서는 성숙 된 자기 발견, 자기 고백, 힐링의 참된 모습을 독자들에게 보여주고 있다. 그렇다면 분명 하건대, 자유의 깃발을 나부끼며 다시 자신의 둥지로의 회귀가 멀지 않았음을 인정하는 충분한 이유를 남긴다고 할 수 있다.

뭐 그리 바쁜지
옹기종기 모인 꽃망울
앞다투어 피어나는 새빨간 잎

한 송이 두 송이 늘어나다
서로에게 버팀이 되어주던 줄기

가시에 찔려 서로를 상처 주다
곧 시들어 버린다.

조금은 멀리서도 바라보자
서로를 지키는 가시가 되기 위해.

– 김민주의 시 〈장미 가시〉 전문

위의 시에는 김민주 자매만의 생활의 법칙 '조금은 멀리서도 바라보자/서로를 지키는 가시가 되기 위해.' 이 드러나는 작품이라고 할 수 있다. 좋은 일이 가득하거나 행복한 일이 몰려오면 서로를 포옹하며 헤어지면 죽을 것만 같은 절실함을 고백하던 이도 조금만 이권과 서운함과 속상함이 스치고 지나가면 언제 그런 고백을 한 것인 양 원수지간이 되어 헐뜯고 상처를 주고 관계선 상 밖으로 멀리 밀어내려고 모진 애를 쓰는 모습을 쉬 발견하고 있다.

그래서 다음과 같이 고백하는 것이다. '서로 지키는 가시가 되기 위해서는 조금은 멀리서 바라보자'

이 시 뿐만 아니라 다른 시 〈겨울 봄〉 - '홀린 듯 사랑을 덮어 호흡하니 / 열병이 찾아온 것 같아요. / 부디, 이 겨울 지나갈 때까지 / 제 옆에서 온기를 주시겠어요?' 가족뿐만 아니라 친구, 애인 그리고 불특정 다수로서의 이웃인 선한 인류에게조차 절대적으로 관심을 가져 달라는 그래서 서로의 마음에 온기를 심어주는 그대가 되어달라는 청이 간절함으로 들리는 시이기도 하다. 지금은 이러한 관계성이 사라지고 이기적 인간으로 둔갑을 서둘러 시도하려고 작정이라도 한 듯 서로를 향한 사랑과 동포애는 찾아보기 어려운 물질적 사회로의 변질이 온통 세상을 감염시키고 말았다. 이 아픔이 이들 가슴 속에서 똬리를 틀고 나름대로 원치 않는 몽우리를 맺혔기 때문에 이들은 홀로 아픈 것이며 슬픈 것이며 외로운 것이며 미워하는 것이고 자유가 아닌 결박의 순간을 맞이하고 있는 것이다. 만약 시의 고백과 같이 서로의 곁에서 따스한 온기로 남아 준다면 이들의 아픔은 한순간 사라지고 치유가 속히 찾아오리라 장담

하는 이유다. 이러한 간절함은 다음의 시 〈열병 튜브〉에서도 그대로 나타난다. – '사랑아, 사랑아 / 튜브가 사람을 구하는 것처럼 / 부디 내 사랑이 열병이 아닌 구조가 되도록 / 커다란 바다에 익사하지 않도록 / 깔끔한 평영을 보여줘.' 이 간절한 소망이 속히 이루어지기를 서로 기도드리자.

극성맞지만 야무졌던 할머니
무서웠지만 나를 예뻐해 주신 어머니
선하고 착하기만 했던 엄마
동생 하나 있는데
누구 말도 안 듣고 자기 맘대로

이런 우리 가족이지만
나는 가족을 사랑하고
생각하면 행복하다.

– 노정순의 시 〈가족 소개〉 전문

참으로 마음 아픈 작품이다. 당면한 조건과 현실적 상황으로는 분명 슬픈 일인데, 그래서 선뜻 그들 품으로 돌아가기에는 다소 먼 길을 돌아 나선 듯한데 분명하게 그의 내면에는 그리움과 사랑의 대상인 가족의 품으로 지금이라도 당장 돌아가 밥상 머리맡에 사랑의 봇짐을 풀어 헤치고 밤을 새워 못다 나

눈 마음속 사연들을 시원하게 나누고 싶은 심정이다. 그러나 또 다른 가림막이 장애물처럼 놓인 것이 현실이기에 마음속으로만 간절히 외쳐 노래하는지도 모르겠다. 그렇다손 치더라도 마음속 간절한 그리움이 사실인 것이다. 이 간절함이 진실이고 솔직인 것이다. 이것이 바로 가족이고 사랑이고 진정성이 낳은 관계성이고 그리움이고 떼려야 뗄 수 없는 피붙이가 나누어야 할 온정인 것이다. 그 생각만으로도 행복하다고 고백하는 이 자매의 인생 사계절이 포근해지기를 간절히 기도드린다. 또 다른 한 편의 시 〈지금 나는 행복하다〉를 감상해 본다면, 이 역시 마음으로만 고백 되어지는 현실과의 괴리감이 드러나는 것이기는 하지만 그래도 그의 삶은 행복했고 행복하고 앞으로도 영원히 행복할 것이다. 그녀 앞에서는 죽음과 이별도 작은 상처의 돌기들로 인한 고통이 찾아와도 이와 같은 내면의 세계만을 행복의 꽃 만개할 것이라는 자기 확신의 고백이 시가 되고 활자화되어 영원히 지워지지 않는 한 그 순간까지 영원하리라는 사실은 불변(不變)이다. 〈복 받은 나〉, 〈미래의 나〉도 같은 맥락에 읽히는 시다.

건강 악화로 일찍 돌아가신 엄마
자기만 알고 다른 가족은 모른 체하는 오빠
오빠는 넘 미웠어
마음은 아프지만 끊어내고 살았지

지금 내 삶이 좋다.

– 심춘자의 시 〈나의 가족은〉 전문

이곳에서 공동체를 이루고 살아가는 이들의 '까닭', '이유'를 친절하게 그리고 사실적으로 알려주는 서사적 메시지가 위의 시에 드러났다고 할 수 있다. 대한민국은 순기능보다는 역기능적 가정환경의 지배를 받아온 것이 사실이다. 심춘자 자매의 경우와 그 후세대까지 이 연결고리를 끊어내지 못하고 영향권 아래 놓여있다 보니 그 아픔은 두 배, 세 배로 불어나 많은 자녀에게 대물림되어 정신적 고통의 원인을 제공해 주는 단죄의 대상으로 전해지고 있는 것이 사실이다. 대한민국만의 부끄러운 가정역사인 것이다. 이 영향권은 자아의 슬픈 모습의 삶에도 영향을 미쳐 선한 이들은 상처를 안고 공동체로, 악한 이들은 분노를 가슴에 품고 범죄 온상의 주동자가 되어 사회의 악을 초래하기도 한다,

그럼에도 불구하고 심춘자 자매는 용기를 내어서 이 대한민국 가족사의 민낯을 시로써 그려내어 독자들에게 고백 또는 발설하고 있다. 이 고백이 속히 역기능적 환경이 대물림한 아픔과 슬픔과 결별할 줄 아는 용기가 되어 이후의 세대는 참된 행복과 가치 인생을 살아가 달라는 염원으로 승화되기를 간절히 바란다. 나 하나의 아픈 고백, 나 하나의 부끄러움, 나 하나의

희생으로 우리 모두의 가정이 순기능으로서의 영향권을 회복하여 행복해질 수만 있다면 얼마나 좋을까? 그 간절한 염원이 위의 짧은 시에 함축되어 있어서 가치가 있는 것이다.

그 아름다운 마음을 지녔기에 현재의 결과물로서는 다음의 시 〈꽃피는 봄〉과 〈시처럼 살고 싶다〉는 건강한 자기 고백에 이르게 한 것이다.

오랜 시간 병원에 입원했다.
갑갑했다
나무와 풀을 내 손으로 만지고 싶었다

어느 날 갑자기
간호사실에서 퇴원이라고 한다
너무 놀랐다
꿈에도 그리던 퇴원이라니

소명 원장님이 오셨다
엄마도 함께 오셨다
너무 반가웠다

드디어 나도
퇴원해서 자유롭게 걸어 다니고
맑은 공기를 마실 수 있구나

나에게 희망의 빛이 서서히 다가온다.

– 임미선의 시 〈희망의 빛〉 전문

소확행 – '작지만 확실한 행복'이라는 말이 유행하고 있는 시대이다. 그만큼 저마다 무지개를 좇듯 살아가는 이들이 많다는 것이고, 그 멀리서 행복을 찾아 나서는 마치 허황된 꿈을 찾아 살아가는 이들을 빗대어 나온 신조어라고 할 수 있다.

위의 시의 주인공 임미선 자매는 큰 곳에서가 아니라 위대한 곳에서는 더더욱 아닌 바로 오랜 병원에서 퇴원하여 자기 발로 걸어 나가는 그래서 '나무'와 '풀'을 직접 자신의 손으로 만져보는 것이 소원이라고 고백하고 있다. 이어서 소명 원장님과 어머니의 마중만으로도 날아갈 듯 행복하다고 고백하고 있다. 이 행복을 통하여 우리가 추구하는 행복이라는 이상향을 바로 조절하여 진정 자기 행복을 찾아가는 솔직과 겸손과 소박함을 발견하여야 하지 않을까 반성을 촉구하는 한 편의 잠언시로서 읽혀진다면, 우리 뭇 독자들은 임미선 자매에게 겸허하게 감사의 메시지를 드려야만 한다.

어디서 왔는가 나의 기쁨!
나에게 항상 용기를 주시는
나의 사랑, 나의 기쁨, 나의 커피

"너는 할 수 있어." 응원해 주시는
별빛 공주 원장님
나의 말을 잘 듣고 웃어주는
나의 천사 지우개

내 삶의 수호천사들
나는 정말 행복하다네
꿈과 같은 분들
우리 함께 향기롭게 살아요.

– 이향훈의 시 〈내 삶의 이유〉 전문

위의 시는 이향훈 자매를 통하여 돕는 이들, 공동체를 리드해 주시는 분들의 수고가 드리운 감사의 고백이 그리고 그들의 수고로 인하여 한 사람의 영혼이 성장하고 성숙하고 치유되는 그 현장감을 가장 확실하게 알려주는 아름다운, 은총의, 감사의, 시라고 할 수 있겠다.

이는 시 쓰는 이를 통하여 신의 말씀을 대언(代言)하는 감사와 칭찬과 이들로 인하여 이 냉엄한 시대에 한 송이 향기 짙은 꽃을 만개하려는 듯한 소망의 메시지로 읽힌다고도 할 수 있다. 그러니까 수고하시는 분들의 그 수고의 열매가 맺혀 맛과 양분을 드리우고 있다는 숨은 양질의 메시지로도 읽힌다고 할 수 있다. 그 고백이 바로 이향훈 자매의 시로 함축되어 전해진다는 것은 크나큰 시 쓰기의 또는 그림 그리기가 만들어낸 위대한 성과라고 할 수 있다. 그 감사와 감탄이 한 편의 시로써 옷을 갈아입고 독자들이 열어 놓은 영혼의 잔치로 초대받아 나서는 기분이다.

그 희망이 바로 다음의 시 〈시작〉과 〈행복한 사람〉과 〈꽃다발을 만들며〉로 이어지는 아주 건강한 정신이 나은 시 세계의 현실이라고 할 수 있다.

이를 다르게 표현하면, 보이지 않는 숨은 손길을 지닌 따사로운 이들의 마음이 빚어낸 공동체의 열매이며 또한 그들이 표방하고 내내 소망했던 치유의 현상으로 드러나는 표상이라는 점에서 이와 유사한 공동체의 희망이 보이며, 국가, 지방자치에서도 고민하거나 망설이지 말고 솔선해야 하는 또 다른 당위성을 낳는 계기를 스스로 알리는 소리통 역할을 한다고 할 수 있다.

볼그레한 볼
쉼 없이 나오는 흥얼거림

선 머슴 같았던 소녀의
이유 있는 콧소리
이유 있는 웃음

그렇게 사랑이 온다.

– 김미주 시인의 시 〈사랑이 온다〉 전문

위의 시는 김미주 시인의 인생을 결산하는 함축된 메시지이며 동시에 자기 고백이며 자신에게 바치는 헌사이며 소망의 노래인 것이다.

과거의 모습과 성향이 어쨌든 오늘 시인의 삶은 온통 사랑으로 옷을 갈아입은 성숙 된 또 다른 모습의 삶을 통하여 자신의 내면을 비추는 거울(특수한 상황이 빚어낸 수강생들 혹은 그 무엇)을 마주하고 행복을 고백하는 독백의 시로 읽혀진다. 지금까지의 숨은 봉사와 헌신적인 행위들을 꾹꾹 밟아 다져 놓은 대지 위의 나무들과 꽃모종들이 곳곳에서 자라고 만개하는 그 현상을 지켜보면서 스스로 삶의 청사진을 예고하는 듯한 성숙 된 이미지로서의 시인의 모습과 삶이 충분히 반영된 시라고 할 수 있다. 이 시집에 소개되고 있는 김미주 시인의 다른 작품 〈50세 전과 후〉와 〈깜〉, 〈내 우주에게〉, 〈도반의 노래〉는 위의 시 〈사랑이 온다〉가 주조한 시인의 영혼의 메시지며, 미래의 삶이며, 영원히 잊을 수 없는 자기 고백적 확신이며 감사이며 기쁨인 것이다. 이러한 삶이 마치 시인의 영원성으로 빚어진다면, 아마도 그 삶은 헬렌 켈러의 영원한 은사이신 설리반 선생과 같고, 장애우들과의 삶을 자청하여 일생을 마친 헨리 나웬과도 같은 순수한 도반으로서의 향기가 영원할 것이라고 확신한다. 특히 이 삶이 시와 함께라면 더욱더 빛나고 행복하리라 믿는다.

마음 안에 그늘을 지우고
새벽처럼 푸른빛과
안개처럼 흐리지만, 희망지고

구름에 가려진 햇살의
밝은색을 꿈꾸며
미움을 놓고 사랑을 안고

빛 한 점 없는 어둠 속에서도
발밑을 믿어 의심치 않는
신앙의 마음으로

누가 피워주는 꽃길이 아니라
내 안에 스스로 피워내는
붉고 향기로운 꽃길을 가라.

– 주선옥 시인의 시 〈너만의 꽃길을 가라 〉 전문

이 한 편의 시를 통하여 오스 기니스의 『소명(calling)』, 제임스 휴스턴의 『즐거운 망명자』, 유진 피터슨의 『한 길 가는 순례자』가 연상된다. 그만큼 시인이 걸어오신 길이나 현재 적 삶의 중심에서 맞닥뜨리는 수많은 삶의 형식들 사이에 놓인 불온한 영혼들을 대면하면서 살아오는 그 삶이 시인에게 부여된 미션임을 스스로 고백하면서 살아가는 그 절박하면서도 즐거운 삶이 고백과 숨은 독백처럼 잔잔하게 마음속으로 스며들어온다. 위의 시 말고도 이 시집에 소개되는 시들이 이와 크게 동떨어지지 않는 인생관을 드러내고 있다는 점에서 겸허하게 그 미션을 수행하는 거룩성과 순수성이 돋보이는 작품이다. 다른 시 〈연꽃 피우러 가는 길〉에서의 사명자의 고뇌와 늘 넘어지고 흔들리는 연단의 순간들을 발견하게 된다. 그러면서 또 〈담쟁이〉와 같은 지혜로움을 구하기도 하고 〈채송화〉처럼 뭇 영혼들을 사랑하면서, 비켜설 수 없는 신의 부름에 순종하기 위해서 굳건한 믿음과 의지를 발산시키면서 행하는 그 성결하고도 믿음 깊은 신앙인의 삶이 보여주는 그녀 곁에서 뭇 영혼들이 힐링되고 새로운 생명력을 되찾아 영원한 나라로의 회귀를 약속받는 그 일선의 모습이 참으로 아름답다. 카뮈의 문학을 낳게 한 장 그르니에의 헌신과 권정생의 문학 세계를 드러내 보인 이오덕 선생과 한 사람의 시인으로서의 유치환 시인의 감성의 임계점을 찍게 했던 이영도 시인과의 편지와 죽음을 불사하고 감옥에서 사탄의 세력들을 대항하다가 하나님의 부름을 받게 된 디트리히 본회퍼 목사와 그의 약혼녀 마리아가 주고받은 옥중 연서와 지성에서 영성으로의 인도한 이민아 목사를 향한 아버지 이어령 교수의 애절한 굿나이스 키스의 서신과 같은 성격의 마음이 주선옥 시인의 시 세계에 고스란히 사실적으로 그려져 참으로 감동적이었다. 그 헌신, 그 숨은 아름다운 노력 봉사가 앞으로도 영원히 지속되기를 간절히 기도드린다.

3. 천국 시민들이 영혼 깊이 부른 시(詩) 합창(合唱)을 오래도록 기억하면서

귀한 시의 향기를 통하여 충분히 존재론적 행복을 경험했다. 감사하다. 부끄럽다. 그리고 그리웁다. 사랑한다. 행복을 기원드린다. 메아리처럼 독백조의 고백을 해본다. 이토록 행복한 시 작품들과의 만남을 명받았다는 사실 하나만으로도 감사한 일이다.

귀한 분들의 시 작품을 감상하면서 불현듯 스쳐 지나간 메리 올리버의 생애와 그녀의 시 세계가 생각났다. 청소년 시절 가정환경과 외압으로 인한 어려움을 극복하기 위하여 시에 몰입하게 된 그녀의 시 세계가 감동과 도전을 자아내기에 충분했던 감상의 변이 새삼 스쳐 지나갔다. 그의 삶과 시를 향한 정신이 위의 시인들과 합일된다면, 현재의 아픔과 고뇌를 충분히 극복하고 아름답고도 행복한 삶을 잘 살아드릴 수 있겠다는 생각이 들어서 잠깐 소개한다.

"시는 역사의 산물이며, 우리 역사는 자연계와 불가분의 관계에 있다. 물론 벌집 같고 지하 감옥 같은 지금의 도시들에서는 시가 위안이 되지 못하고, 영향력을 행사하지 못한다. 자연계와 개인 사이의 협정이 깨졌기 때문이다. 이제 더 이상 수확을 위한 노동은 없다. 이익을 위한 사냥만 있을 뿐이다. 삶은 더 이상 기쁨과 용맹 속에서 발현되지 않고, 오직 세속적 재물 축적의 도구로만 이용된다. 시가 그런 사람들에게 의미를 지니려면, 그들이 먼저 발걸음을 떼어야 한다. 물질에 구속된 사리 추구적 삶에서 벗어나 나무들을 향해, 폭포들을 향해 걸어야 한다. 시를 읽는 사람들이 너무 적은 것은, 이 겁에 질리고 돈을 사랑하는 세상에서 시의 영향력이 너무 미미한 것은, 시의 잘못이 아니다. 결국 시는 기적이 아니다. 개인적 순간들을 형식화(의식화)하여 그 순간들의 초월적 효과를 모든 사람들이 이용할 수 있는 음악으로 만들기 위한 노력이다. 시는 우리의 종(種)의 노래다." - 메리 올리버의 책 『긴 호흡』 pp. 41~42

또 다른 분으로서의 장영희 교수의 문학 에세이를 통한 위로와 시적 힘을 드리고 싶다는 생각이 든다. 평생 지체장애인으로 살아오면서도 문학적 달란트를 통하여 후학들을 돌본 삶을 사셨던 분으로서 그녀의 문학 세계는 충분히 위로와 힘이 그리고 아름다운 세상을 향한 이정표가 되기에 족하다.

"문학은 일종의 대리 경험입니다. 시간적·공간적·상황적 한계 때문에 이 세상의 모든 경험을 다 하고 살 수는 없는 우리에게 삶의 다양한 경험을 제공함으로써 시행착오 끝에 '어떻게 살아가는가', '나는 누구이며 어떤 목표를 갖고 이 세상을 살아가고 있는가'에 대해 새롭게 깨닫게 한다. 그러므로 문학을 통해 우리는 삶의 치열한 고통, 환희, 열정 등을 느끼고 감동한다. 정신적으로 자라나고 삶에 눈뜬다는 것은 때로는 아픈 경험이지만 이 세상을 의미 있게 살다 가기 위해서는 꼭 겪어야 할 통과의례이다." - 장영희의 책 『문학의 숲을 거닐다』 p. 7

아무튼 공동체의 귀한 자매님들과 스텝으로 섬겨주시는 선생님들 사이를 잇는 시의 중요성이 21세기를 힘겹게 살아가는 모든 분들에게 위로와 힘과 행복을 울리는 종(種)이 되어 주시기를 간절히 기대하면서 이 글을 마치려고 한다. 모두 영과 육이 건강하여 참으로 행복했으면 좋겠다. 아울러 가슴 깊이 품고들 살아가는 그 그리움과 사랑과 하나됨과 화해됨과 용서됨이 시와 더불어 속히 이루어지기를 바라면서 위의 필진들과 선생님들이 행하는 모든 사업과 삶 위에 하나님의 놀라운 은혜가 함께 하시기를 기도드린다.